Abenteuer des Freiherrn von Münchhausen

auf deutsch und auf russisch
mit vielen bunten Kinderbildern

Приключения барона Мюнхаузена

на немецком и русском языках с
цветными детскими рисунками

Herausgeber/Редактор издания

Paritätischer Wohlfahrtsverband Niedersachsen e.V.
Паритетное благотворительное общество Нижней Саксонии з.о.
Norbert Raabe/Норберт Раабе

CW Niemeyer

Bibliografische Information der Deutschen Nationalbibliothek

Die Deutsche Nationalbibliothek verzeichnet diese Publikation
in der Deutschen Nationalbibliografie; detaillierte bibliografische
Daten sind im Internet abrufbar über: http://dnb.d-nb.de

Библиографическая информация Немецкой
Национальной Библиотеки

Немецкая Национальная Библиотека вносит эту
публикацию в Немецкую национальную библиографию;
Подробные библиографические данные можно найти в
интернете на странице: http://dnb.d-nb.de

Herausgeber/Редактор издания:
Paritätischer Wohlfahrtsverband Niedersachsen e.V.,
Паритетное благотворительное
общество Нижней Саксонии з.о.
Norbert Raabe/ НорбертРаабе
www.paritaetischer.de
www.hameln.paritaetischer.de

Zeichnungen/Рисунки:
Kinder aus Deutschland und Russland
Дети из Германии и России

Titelbild/Обложка
Nicole Ungefug (11 Jahre), Deutschland
Николь Унгефуг (11 лет), Германия

Buchgestaltung und Satz/Оформление книги:
Nina Raabe, Hameln/ Нина Раабе, Гамельн

Verlag/Издательство:
CW Niemeyer Buchverlage GmbH, Hameln, 2010
www.niemeyer-buch.de

Druck und Verarbeitung/Печать и обработка:
AALEXX Buchproduktion GmbH, Großburgwedel

ISBN 978-3-8271-9187-8

Inhaltsverzeichnis

Содержание

Ein Bild von:
Maxim Jakovenko
(8 Jahre), Deutschland

Рисунок:
Максим Яковенко
(8 лет), Германия

Ein Bild von:
Andzela Zemture
(7 Jahre), Deutschland

Рисунок:
Анжела Цемтуре
(7 лет), Германия

Ein Bild von:
Julia Protsenko
(10 Jahre), Deutschland

Рисунок:
Юлия Проценко
(10 лет), Германия

Vorwort

Dieses Buch enthält 15 ausgewählte Erzählungen des Freiherrn von Münchhausen, die von Kindern und Erwachsenen in Deutschland und in Russland gern gelesen werden.

Münchhausen hat es tatsächlich gegeben. Sein eigentlicher Name ist Karl Friedrich Hieronymus von Münchhausen. Er wurde am 11. Mai 1720 in der kleinen deutschen Stadt Bodenwerder an der Weser geboren und starb dort am 22. Februar 1797. Das Haus, in dem er lebte, ist erhalten geblieben. Nebenan befindet sich das Münchhausenmuseum, das tausende Touristen besuchen. In Bodenwerder lassen sich einige Skulpturen besichtigen, die verschiedene Abenteuer Münchhausens darstellen.

Das Leben des Bodenwerder Adligen war sehr mit Russland verbunden, wo er über zehn Jahre in der Armee diente. Seine Abenteuer im Zarenreich beschreibt er in vielen seiner Geschichten.

Auch in Moskau gibt es ein Münchhausenmuseum, das davon zeugt, dass der Freiherr in Russland bekannt und beliebt ist.

Wir hoffen, dass dieses Buch allen Münchhausen Verehrern Freude bringt.

Предисловие

Эта книга содержит 15 рассказов барона Мюнхаузена, которые охотно читают дети и взрослые как в Германии, так и в России.

Мюнхаузен действительно существовал. Его полное имя барон Карл Фридрих Иероним фон Мюнхаузен. Он родился 11 мая 1720 года в маленьком немецком городке Боденвердере на Везере и умер там 22 февраля 1797 года. Сохранился даже дом, где он жил. Рядом с ним находится музей Мюнхаузена, который посещают туристы со всего мира. В Боденвердере можно увидеть и скульптуры, представляющие эпизоды из рассказов барона Мюнхаузена.

Жизнь этого человека была связана с Россией, где он прослужил более десяти лет. Свои приключения в этой стране он описывает во многих рассказах.

В Москве тоже есть музей Мюнхаузена, который свидетельствует о том, что и в России барон известен и любим.

Надеемся, что эта книга доставит радость всем почитателям барона Мюнхаузена.

Ein Bild von:
**Janine Geese
(8 Jahre), Deutschland**

Рисунок:
**Жанин Геезе
(8 лет), Германия**

Ein Bild von:
**Darja Borovikova
(9 Jahre), Russland**

Рисунок:
**Дарья Боровикова
(9 лет), Россия**

Ein Bild von:
**Valeria Boykov
(6 Jahre), Deutschland**

Рисунок:
**Валерия Бойкова
(6 лет), Германия**

Ein Bild von:
Enrika Reidel
(7 Jahre), Deutschland

Рисунок:
Энрика Райдель
(7 лет), Германия

Ein Bild von:
Anastasija Dowgaja
(9 Jahre), Russland

Рисунок:
Анастасия Довгая
(9 лет), Россия

Ein Bild von:
Melissa Slabon
(9 Jahre), Deutschland

Рисунок:
Мелисса Слабон
(9 лет), Германия

Ein Bild von:
Luisa Poduryan
(9 Jahre), Deutschland

Рисунок:
Луиза Подурян
(9 лет), Германия

Ein Bild von:
Alina Tran
(7 Jahre), Deutschland

Рисунок:
Алина Тран
(7 лет), Германия

Ein Bild von:
Daniel Richter
(9 Jahre), Deutschland

Рисунок:
Даниэль Рихтэр
(9 лет), Германия

Ein Bild von:
Maxim Volmar
(6 Jahre), Deutschland

Рисунок:
Максим Вольмар
(6 лет), Германия

Ein Bild von:
Nico Geese
(6 Jahre), Deutschland

Рисунок:
Нико Геезе
(6 лет), Германия

Die Reise nach Russland

Mitten im Winter trat ich meine Reise nach Russland an. Ich zog es vor zu Pferde zu reisen, da Frost und Schnee die matschigen Wege durch Deutschland, Polen, Kur- und Livland passierbar machten. Das ist die angenehmste Art zu reisen. Man ärgert sich dann nicht über einen durstigen Kutscher, der vor jeder Schenke halten will.

Ich ritt, bis Nacht und Dunkelheit über mich kamen. Das ganze Land lag unter einer dicken Schneedecke. Kein Dorf war zu sehen. Ich konnte weder Weg noch Steg finden.

Mein Pferd und ich waren sehr müde, und wir brauchten ein paar Stunden Ruhe. Im Schnee bemerkte ich eine Art spitzen Baumstumpf, der über dem Schnee hervorragte. So sprang ich vom Pferd und band es daran fest.

Ich nahm meine beiden Pistolen zur Sicherheit unter den Arm und legte mich nicht weit entfernt von meinem Pferd in den Schnee und schlief sofort ein. Ich schlief so fest und so lange, dass ich die Augen erst aufmachte, als es bereits heller Tag war. Wie groß war aber mein Erstaunen, als ich merkte, dass ich auf einem Kirchhof lag.

Путешествие в Россию

Я выехал из дома, направляясь в Россию, в середине зимы. Я предпочёл путешествовать на коне, так как решил, что мороз и снег приведут в порядок дороги Германии, Польши, Курляндии, Лифляндии, которые были в ужасном состоянии. Это самый приятный способ передвижения. При этом не злишься на томимого жаждой кучера, который готов останавливаться у каждого трактира.

Я скакал до поздней ночи. Всё кругом было занесено снегом. Не было никаких признаков какой-либо деревушки. Я не мог найти ни дороги, ни тропинки.

Мой конь и я очень устали. Нам нужно было отдохнуть пару часов. В снегу я увидел что-то похожее на пенёк, торчавший из-под снега. Я соскочил с коня и привязал его к пеньку.

Положив на всякий случай под руку пистолеты, я улёгся на снег недалеко от моего коня и сразу же уснул. Я спал так крепко, так хорошо и так долго, что проснулся лишь тогда, когда стало совсем светло. Но как велико было моё удивление, когда я обнаружил, что лежу на церковной площади.

Ein Bild von:
Celine Kewitz
(9 Jahre), Deutschland

Рисунок:
Селин Кевитц
(9 лет), Германия

11

Mein Pferd war zuerst nirgends zu sehen. Plötzlich hörte ich ein Wiehern in der Luft. Als ich den Kopf hob, sah ich es an dem Wetterhahn der Kirchturmspitze hängen. Nun wusste ich sofort, was geschehen war! Das Dorf, zu dem der Kirchturm gehörte, war gestern Abend ganz und gar zugeschneit. Das Wetter hatte sich in der Nacht plötzlich geändert. Die weiße Pracht war zusammengeschmolzen und ich war ganz sanft im Schlafe herabgesunken. In der Dunkelheit hatte ich den Wetterhahn für die Spitze eines Bäumchens gehalten und daran mein Pferd festgebunden.

Ohne lange nachzudenken, nahm ich meine Pistole, schoss auf die Zügel und bekam so das Pferd herunter. Nun konnte ich meine Reise wieder fortsetzen.

Коня моего сначала нигде не было видно. Вдруг где-то высоко послышалось ржание. Когда я посмотрел вверх, то увидел, что конь висит на флюгере церковной колокольни. Я тотчас сообразил, что произошло. Деревня, где находилась церковная колокольня, вчера вечером была полностью занесена снегом. Ночью погода неожиданно переменилась. Снег растаял, и во сне я потихоньку опустился на землю. В темноте я принял флюгер церковной колокольни за пенёк и привязал к нему моего коня.

Недолго думая, я взял свой пистолет и выстрелом перебил уздечку. Получив таким образом коня, я смог продолжить своё путешествие.

Die Reise nach Sankt-Petersburg

Ich kann mich nicht mehr recht erinnern, ob das Abenteuer, das ich nun zu bestehen habe, in Estland oder in Ingermanland geschah. Es war jedenfalls mitten in einem Wald, als ich von einem riesigen Wolf verfolgt wurde. Dieser Wolf hatte eine Größe, die selbst in Russland höchst ungewöhnlich ist. Sein Hunger war gewaltig. Es war unmöglich ihm zu entkommen. Der Abstand zwischen dem Wolf und mir wurde kürzer und kürzer.

Ohne zu überlegen, legte ich mich flach auf den Schlitten nieder. Alles andere musste ich meinem Pferd überlassen. Der Wolf kümmerte sich nicht mehr um mich und fiel wütend mein Pferd an. Auf einmal riss er dem armen Tier das ganze Hinterteil ab. Vorsichtig hob ich den Kopf, um zu sehen, was los sei, und bemerkte zu meinem großen Entsetzen, dass sich der Wolf fast ganz und gar in das Pferd hineingefressen hatte. Er zwängte sich weiter und weiter vor. Plötzlich fiel mir der rettende Gedanke ein. Ich griff nach der Peitsche und schlug ihn damit, so sehr ich konnte. Dieser Angriff kam für den Wolf völlig unerwartet und er strebte mit aller Macht weiter vorwärts.

Путешествие в Санкт-Петербург

Не могу сейчас точно вспомнить, имело ли место то приключение, которое я пережил, в Эстляндии или в Ингерманландии. Это произошло посреди какого-то леса, когда за мной погнался огромный волк. Этот волк был таких размеров, которые редко встретишь даже в России. Он был нестерпимо голоден.

Спастись от него не было никакой возможности. Расстояние между мной и волком становилось всё меньше и меньше. Не долго думая, я лёг ничком на дно саней. Всё остальное я предоставил своему коню. Волк, не обратив на меня внимания, с яростью накинулся на лошадь. За один присест он откусил всю заднюю часть бедного животного. Я осторожно поднял голову, чтобы посмотреть, что произошло, и заметил, к своему ужасу, что волк почти весь вгрызся в лошадь. Он вгрызался всё дальше и дальше. И тут в голову мне пришла спасительная идея. Я схватил кнут и принялся изо всех сил хлестать по волчьей шкуре. Такое нападение было для волка совершенно неожиданным, и он рванулся вперёд. Останки моей лошади

Ein Bild von:
Andreas Frost
(12 Jahre), Deutschland

Рисунок:
Андрей Фрост
(12 лет), Германия

15

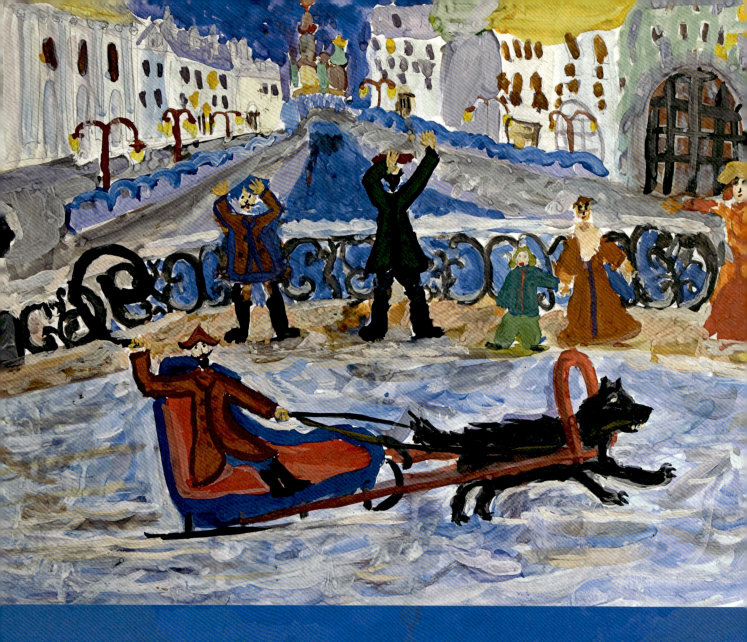

Ein Bild von:
**Maria Hochlova
(9 Jahre), Russland**

Рисунок:
**Мария Хохлова
(9 лет), Россия**

Der Leichnam meines Pferdes fiel zu Boden und stattdessen steckte der Wolf in dem Pferde-geschirr fest. Ich hatte mich auf dem Schlitten wieder aufgerichtet und drosch auf den Wolf ein. So kam ich in vollem Galopp wohlbehalten in St. Petersburg an. Die Petersburger, die schon manches Sonderliches erlebt hatten, waren darüber äußerst verwundert.

рухнули наземь, и вместо неё в упряжке оказался волк. Снова выпрямившись в санях, я не переставал стегать волка. Так, бешеным галопом в полном здравии и благополучии я въехал в Санкт-Петербург. Жители Петербурга, привыкшие к необычным вещам, были все же очень удивлены.

Die Entenjagd

n St. Petersburg konnte ich mich auf die Jagd begeben. Das war mir außerordentlich wichtig. Eines Tages kam ich beim Jagen zu einem großen Teich, auf dem wilde Enten schwammen. Leider waren sie sehr weit voneinander verstreut, sodass ich wohl nicht mehr als eine einzige mit einem Schuss erlegen konnte. Zum Unglück hatte ich nur noch einen letzten Schuss in der Flinte. Da besann ich mich plötzlich auf ein Stückchen Schinkenspeck in meiner Jagdtasche. Es war als einziges von meinem mitgenommenen Mundvorrat übrig geblieben.

Diese Lockspeise befestigte ich an einer langen Hundeleine, die ich entflocht und auf diese Weise wenigstens noch um das Vierfache verlängerte. Nun verbarg ich mich im Schilf am Ufer und warf meinen Speckbrocken ins Wasser. Ich beobachtete mit Vergnügen, wie die erste Ente hurtig herbeigeschwommen kam und ihn verschlang. Nicht lange darauf kam der glatte Brocken am Faden unverdaut hinten wieder heraus. Der ersten Ente folgten die anderen: und jede von ihnen fraß das Speckstück. Ich erfreute mich in meinem Schilfversteck, dass die aufgedrehte Hundeleine, an welcher der Speckbrocken hing, nicht riss und

Охота на уток

 Санкт-Петербурге я имел возможность ходить на охоту. Для меня это было чрезвычайно важно. Однажды во время охоты я набрёл на большой пруд, в котором плавали дикие утки. К сожалению, они были так далеко друг от друга, что одним выстрелом можно было поразить только одну утку. А, на беду, у меня остался всего один заряд. И тут я вдруг вспомнил о кусочке сала, который лежал в моей охотничьей сумке. Это было единственное из съестных припасов, что осталось от моего завтрака.

Я прикрепил этот кусочек к концу собачьего поводка, который расплёл, удлинив его таким образом по меньшей мере в четыре раза. Затем я спрятался в береговом камыше и бросил свою приманку в воду. Я с удовольствием наблюдал, как первая утка проворно подплыла и проглотила её. Вскоре скользкий кусочек сала вышел сзади непереваренным. За первой уткой последовали остальные, и каждая из них проглатывала кусочек. В своём укрытии я радовался, что расплетённый собачий поводок, к которому был прикреплён кусочек сала, не порвался и пропутешествовал

Ein Bild von:
**Ksenija Babak
(10 Jahre), Russland**

Рисунок:
**Ксения Бабак
(10 лет), Россия**

Ein Bild von:
Julia Arar
(10 Jahre), Deutschland

Рисунок:
Юлия Арар
(10 лет), Германия

20

die Reise durch alle Enten machte. So saßen sie alle daran, wie Perlen an der Schnur. Ich band die Schnur ein halbes Dutzend Mal um meine Schultern und Taille und machte mich auf den Heimweg.

Liebe Freunde, Ihr könnt euch nicht vorstellen, was für eine beschwerliche Last eine solche Menge Enten ist. Es tat mir jetzt leid, dass ich so viele gefangen hatte. Fast unerwartet bekam ich die Hilfe von den Enten selbst. Die Enten waren alle noch lebendig und begannen, als sie sich von dem ersten Schrecken erholt hatten, fürchterlich mit den Flügeln zu schlagen und sich mit mir hoch in die Luft zu erheben. Meine Fantasie ließ mich aber nicht im Stich und ich fand folgende Lösung. Ich ruderte und manövrierte geschickt in die Nähe meines Hauses durch die Luft. Als ich gerade über meiner Wohnung war, musste ich nur noch glücklich landen. Um das zu erreichen, drehte ich einer Ente nach der anderen den Hals um. Nun sank ich ganz sanft und allmählich herab geradewegs durch den Schornstein meines Hauses, mitten auf den Küchenherd in dem zum Glück noch kein Feuer brannte. Man hätte in diesem Moment das erschrockene Gesicht meines Koches sehen sollen! Doch freute er sich gleich darauf über die unerwartet große Beute.

через всех уток. Таким образом утки были нанизаны на шнур, как бусы на нитку. Я вытащил их всех на берег, обмотал шнур шесть раз вокруг плеч и талии и отправился домой.

Дорогие друзья, Вы не можете себе представить, как тяжело было нести такое большое количество уток. Я уже был готов пожалеть, что столько их наловил. Совершенно неожиданно помощь пришла от самих уток. Все утки были ещё живы и, оправившись от первого испуга, начали сильно бить крыльями и подниматься со мною в воздух. Моя фантазия не подвела меня, и я использовал это обстоятельство для своей выгоды. Я ловко управлял и маневрировал в сторону дома. Когда я оказался прямо над своим домом, важно было удачно опуститься. Чтобы это сделать, я свернул уткам - одной за другой – шеи. И так я плавно скользнул вниз прямо по трубе на кухонную плиту. К счастью огонь был ещё не разведён. В этот момент нужно было видеть испуганное лицо моего повара! Но потом он, конечно, обрадовался неожиданному трофею.

Der Ritt auf der Kanonenkugel

ch hatte viele Kriege mitgemacht. Im Letzten mussten wir lange vor einer Stadt liegen. Sie wurde von den Einwohnern gut bewacht und wir konnten nicht hineingelangen. Ich wollte einen Weg in die Stadt für unsere Soldaten finden und hatte eine Idee: Ich stellte mich vor eine Kanone und wartete. Als die Kanone die Kugel herausschoss, sprang ich schnell hinauf und wollte so in die Stadt reiten.

Unterwegs bekam ich Angst. „Wie komme ich denn wieder zurück?" dachte ich.

In diesem Augenblick flog gerade eine andere Kugel aus der Stadt. Schnell stieg ich in der Luft um, ritt auf der anderen Kugel zurück und war bald wieder bei unseren Soldaten. Den Weg für unsere Soldaten in die Stadt hatte ich aus der Luft natürlich herausgefunden.

Верхом на ядре

 участвовал во многих войнах. Во время последней войны мы вынуждены были долгое время осаждать один город. Он хорошо охранялся жителями, и мы не могли проникнуть в него. Я хотел найти для наших солдат путь в город, и у меня появилась идея. Я стал рядом с одной из пушек и ждал. Когда раздался выстрел, и появилось ядро, я быстро вскочил на него, рассчитывая таким образом попасть в город.

По пути мной овладел страх. «Как я вернусь обратно?», думал я.

Как раз в этот момент пролетало другое ядро, выпущенное из города. Я быстро перескочил на него, и вскоре вернулся к своим солдатам. Путь в город я, разумеется, нашел.

Ein Bild von:
Alöna Sidorova
(12 Jahre), Russland

Рисунок:
Алёна Сидорова
(12 лет), Россия

Ein Bild von:
Polina Khazanovych
(11 Jahre), Deutschland

Рисунок:
Полина Хазанович
(11 лет), Германия

Ein Bild von:
Arseni Potapkin
(10 Jahre), Russland

Рисунок:
Арсений Потапкин
(10 лет), Россия

Ein Bild von:
Pham Nguyen
Hoang Thinh
(8 Jahre), Deutschland

Рисунок:
Пам Нгуен Тин
(8 лет), Германия

Das Abenteuer auf der Jagd

Auf der Jagd können Zufall oder Glück oft manchen Fehler wieder gutmachen. Mir fällt gerade ein Beispiel ein: Einmal sah ich im tiefsten Walde einen wilden Frischling und eine Bache dicht hintereinander. Ich schoss, aber meine Kugel traf nicht. Ich dachte natürlich, dass die beiden im nächsten Augenblick verschwunden sein würden. Gleichwohl rannte nur der Frischling allein davon und die Sau blieb ohne Bewegung stehen, als ob sie an den Boden festgenagelt wäre. Die Sache überraschte mich. Als ich die Lage näher untersuchte, fand ich heraus, dass die Bache blind war. Im Rachen hielt sie den Schwanz des verschwundenen Frischlings. Nun wurde mir alles klar. Die blinde Sau wurde vom Frischling auf diese Weise geführt. Meine Kugel musste also diese Verbindung zerrissen haben. Die alte Bache konnte auf dem Schwanz weiter herumkauen und merkte nicht, dass der Frischling schon über alle Berge war. Da sie jedoch nicht weiter vorwärts gezogen wurde, war sie einfach stehen geblieben.

Natürlich fasste ich meinen Entschluss sehr schnell. Ich griff nach dem Schwanzende des Frischlings und führte daran das alte hilflose Tier ganz ohne Mühe und Widerstand nach Hause.

Приключение на охоте

Случай и удача нередко могут исправить некоторые ошибки. Вот вам наглядный пример. Однажды в самой гуще леса я увидел бежавших вплотную друг за другом вепрёнка и веприцу. Я выстрелил, но промахнулся. Конечно, я подумал, что оба сразу же должны были убежать. Тем не менее, убежал лишь один поросёнок, а свинья замерла на месте как вкопанная. Это произвело на меня впечатление. Когда я посмотрел внимательнее, то обнаружил, что веприца слепа. В зубах она держала хвост убежавшего вепренка. И тут мне все стало ясно. Поросёнок вёл слепую свинью. Моя пуля должно быть прервала эту связь. Веприца всё ещё сжимала в зубах хвост и ничего не заметила. И теперь, когда поводырь не вёл её дальше, она остановилась.

Конечно же, я быстро сообразил, что делать. Я ухватился за кончик поросячьего хвостика и без всякого труда и сопротивления отвёл беспомощное животное домой.

Der Hirsch mit dem Kirschbaum

Einmal hatte ich keinen Schrot mehr in meinem Gewehr. Da erblickte ich plötzlich den schönsten Hirsch der Welt. Er stand vor mir und sah mich an, als wüsste er, wie leer mein Patronenbeutel war. Im nächsten Augenblick füllte ich mein Gewehr mit Kirschkernen. Kurz vorher war ich an einem wilden Kirschbaum vorbeigegangen und hatte mir eine Handvoll Kirschen abgepflückt. Ganz schnell hatte ich das Fleisch von den Kirschen gegessen und die Steine aus meinem Mund genommen.

Nun schoss ich alle Steine – eine Handvoll – auf seine Stirn, zwischen das Geweih. Die Schüsse betäubten ihn zwar kurz, er taumelte und machte sich aber doch aus dem Staube und ich konnte ihn nicht mehr sehen.

Ein oder zwei Jahre später ging ich wieder in diesen Wald auf die Jagd. Plötzlich sah ich einen majestätischen Hirsch zwischen den Bäumen.

Олень и вишнёвое дерево

Однажды я израсходовал все патроны. И тут вдруг увидел самого прекрасного оленя на свете. Он стоял передо мной и смотрел, словно знал, что патронташ мой пуст. Мгновенно я зарядил ружье косточками вишен. Незадолго до этого я проходил мимо дикой вишни и нарвал целую горсть вишен. Очень быстро я вынул косточки из вишен, съев мякоть.

Я выстрелил все косточки – целую горсть, оленю прямо в лоб между рогами. Хотя выстрел и оглушил оленя, он покачнулся и умчался прочь, так что я его больше не видел.

Год или два спустя я снова охотился в этом лесу. Вдруг среди деревьев я увидел величественного оленя. На голове между рогами у него росло вишнёвое дерево – примерно трехметровой высоты. Я вспомнил о прик-

Ein Bild von:
Victoria Bartschke
(8 Jahre), Deutschland

Рисунок:
Виктория Барчке
(8 лет), Германия

Dieser Hirsch trug aber zwischen seinem Geweih einen Kirschbaum auf dem Kopf – ungefähr drei Meter hoch. Ich erinnerte mich an mein Abenteuer vor einigen Jahren und merkte, dass es mein längst erworbenes Eigentum war. Ich schoss auf den Hirsch und er fiel zu Boden, wodurch ich auf einmal einen Festbraten und die Kirschen dazu hatte, denn der Baum hing voller Früchte. Ich muss Ihnen offen sagen, nie in meinem Leben habe ich so delikate Kirschen gegessen.

лючении, случившемся несколько лет назад, и понял, что это была моя давно приобретённая собственность. Я выстрелил в оленя, и он упал на землю. Благодаря этому я получил и жаркое, и вишни, так как дерево было густо унизано ягодами. Я должен Вам честно признаться, господа, за всю свою жизнь я не пробовал таких вкусных вишен.

Ein Bild von:
Elisabeth Novzeva
(11 Jahre), Russland

Рисунок:
Елизавета Новцева
(11 лет), Россия

Münchhausens Hunde

ie Sie schon wissen, bin ich ein passionierter Jäger, und immer wegen der Besonderheit meiner Pferde, Hunde und Gewehre berühmt gewesen. Zwei von meinen Hunden kann ich nicht vergessen, die sich in meinen Diensten besonders bewährt haben.

Der eine war ein Hühnerhund. Er war unermüdlich, aufmerksam und vorsichtig, so dass jeder, der ihn sah, mich darum beneidete. Dieser Hund war gewohnt, Tag und Nacht zu jagen. In der Dunkelheit hing ich ihm eine Laterne an den Schwanz und nun jagte ich so gut oder noch besser mit ihm als am helllichten Tage. Mit einem anderen meiner Hunde hetzte ich zwei volle Tage hinter einem Hasen her. Mein Hund trieb ihn immer wieder herum und doch konnte ich nicht zum Schuss kommen. Ich habe nie an Hexerei geglaubt, aber hier war ich wirklich mit meinem Latein am Ende.

Endlich kam mir der Hase so nahe, dass ich ihn mit einem Schuss erreichen konnte. Der Hase stürzte nieder, und was meinen Sie, was ich nun fand? Vier Läufe hatte der Hase unter dem Bauch und vier auf dem Rücken. Wenn die

Собаки Мюнхаузена

ак вам известно, я заядлый охотник. Я всегда славился превосходными лошадьми, собаками и оружием. Я никогда не смогу забыть двух моих собак, которые так отличились у меня на службе.

Одна из них была легавая. Она была столь вынослива, внимательна, осторожна, что каждый, кто её видел, завидовал мне. Эта собака могла охотиться днём и ночью. Когда было темно, я вешал ей на хвост фонарь, и таким образом я охотился с ней не хуже, а может быть даже лучше, чем днём. С другой моей собакой я два дня подряд гонялся за зайцем. Моя собака вновь и вновь выгоняла его, но мне никак не удавалось точно прицелиться. Я никогда не верил в колдовство, но на этот раз я, действительно, не знал, что делать дальше.

Наконец заяц был так близко, что я смог попасть в него с первого выстрела. Заяц упал, и что, вы думаете, я увидел? – У него было четыре лапы на животе и четыре на спине. Когда две нижние пары уставали, то он, как ловкий пловец, переворачивался с живота на

Ein Bild von:
Mike Mbokolanzi
(9 Jahre), Deutschland

Рисунок:
Майк Мбоколанци
(9 лет), Германия

zwei unteren Paare müde wurden, warf er sich wie ein geschickter Schwimmer vom Bauch auf den Rücken, und nun rannte der Hase mit den beiden Neuen ausgeruht und mit größter Geschwindigkeit weiter.

Nie wieder habe ich einen solchen Hasen gesehen, und auch diesen hätte ich nicht erlegt, wenn nicht mein Hund so vollkommen gewesen wäre. Das Tier wurde im Laufen nur von einem Windhund übertroffen. Diesen Windhund hielt ich als Jagdhund nur kurze Zeit. Er lief so schnell, so oft und so lange in meinem Dienste, dass er sich die Beine bis dicht unter dem Bauch weglief, und deshalb gebrauchte ich ihn in seiner letzten Lebenszeit nur noch zur Dachssuche.

спину, и две отдохнувшие пары ног несли его вперёд ещё быстрее.

Никогда после не встречал я подобного зайца, да и этот не попался бы мне, если бы моя собака не была столь совершенна. В скорости моя собака могла уступить только левретке. Эта левретка была у меня гончей недолгое время. Ей пришлось, служа мне, бегать так быстро, часто и долго, что она стёрла себе лапы по самое брюхо, поэтому в последние годы её жизни она служила у меня только как такса-ищейка.

Ein Bild von:
Le Nhu Nhoc
(7 Jahre), Deutschland

Рисунок:
Ле Нок
(7 лет), Германия

Das Pferd auf dem Tisch

ch denke immer gern an meine Hunde zurück. Aber ebenso gern erinnere ich mich an ein fabelhaftes litauisches Pferd, das nicht mit Geld zu bezahlen war. Dieses Pferd kam mir durch einen Zufall in die Hände.

Ich war einmal bei einem reichen litauischen Grafen zu Gast und trank im Salon Tee mit den Damen. Die Herren gingen hinunter in den Hof um ein junges Vollblutpferd zu besichtigen. Der Graf hatte nämlich das junge Pferd gerade erst bekommen. Ich unterhielt die Damen mit kleinen Erlebnissen, und sie waren, wie mir schien, sehr zufrieden.

Plötzlich hörten wir einen Schrei. Ich sprang auf und lief, so schnell ich konnte, die Treppe hinunter und sah ein bildschönes Pferd, das so wild und ausgelassen war, dass sich niemand herantraute, zu ihm hinzugehen.

Die Angst stand allen auf den Gesichtern geschrieben als ich, ohne zu zögern, auf das Pferd zuging und auf seinen Rücken sprang. Durch meine besten Reitkünste brachte ich es schließlich zur Ruhe. Um nun den Damen zu zeigen, wie folgsam das Pferd in meiner Hand war,

Конь на столе

 часто вспоминаю о своей собаке. С таким же удовольствием я вспоминаю о чудесном литовском коне, которому цены не было. Я приобрёл этого коня благодаря случаю, давшему мне возможность показать искусство верховой езды.

Однажды я гостил у одного богатого литовского графа и пил чай в обществе дам. Мужчины спустились во двор посмотреть молодого чистокровного коня. Граф только что приобрёл его. Я занимал дам рассказами о небольших приключениях и они, как мне казалось, были довольны.

Вдруг мы услышали крик. Я вскочил и побежал, что было сил, вниз по лестнице и увидел красивого коня, который был настолько яростным и необузданным, что никто не осмеливался подойти к нему.

На всех лицах отразился ужас, когда я подошёл к коню и вскочил ему на спину. Применив всё своё искусство верховой езды, я совсем успокоил его. Чтобы продемонстрировать дамам, как слушается меня конь, я прыгнул верхом на нём через окно в гостиную. Здесь

39

sprang ich mit ihm durch das Fenster in das Teezimmer hinein. Hier ritt ich erst im Schritt, dann im Trab, dann im Galopp und als ich sicher war, sprang ich sogar auf den Teetisch. Und nun zeigte ich ganz besondere Reitkünste, worüber die Damen sich sehr freuten und mir begeistert Beifall klatschten. Mein Pferd machte alles so geschickt, dass keine Tasse zerbrach. Die Damen und die Herren wunderten sich sehr über meine Reitkünste. In seiner höflichen Art bat mich der Graf das Pferd als Geschenk anzunehmen, und ich konnte es im Kampf gegen die Türken wohl gebrauchen.

я несколько раз то шагом, то рысью, то галопом прогар-цевал по комнате и, когда я полностью обрёл уверенность, то даже заставил коня вскочить на стол. Я показывал всевозможные тонкости верховой езды, чему дамы сильно радовались и восторженно хлопали мне. Конь скакал так умело, что не разбил ни одной чашки. Дамы и господа восхищались моим искусством верховой езды. А граф с присущей для него учтивостью упросил меня принять коня в подарок, и мне пришлось сражаться на нём с турками.

Das Abenteuer mit dem Bären

Es gibt Jäger, denen in einem einzigen Jahr mehr Beute über den Weg läuft, als anderen im ganzen Leben. Zu den Obenerwähnten habe ganz gewiss ich gehört. Es gibt ein Beispiel zu diesem Erlebnis.

In den russischen Wäldern begegnet man den Bären so oft wie bei uns in Deutschland den Füchsen. So muss jeder Jäger stets eine Flinte oder ein gutes scharfes Messer bei sich haben. Was mich betrifft, so griffen mich die wildesten und gefährlichsten Bestien gerade dann an, wenn ich nicht im Stande war, ihnen die Stirn zu bieten.

So hatte ich eines Tages den Feuerstein von meiner Flinte abgeschraubt, um ihn neu zu schärfen, als ich ein furchtbares Brummen hinter mir hörte. Ich schaute mich um und sah ein Ungeheuer von einem Bären. Mir blieb nichts anderes übrig, als eiligst auf einen Baum zu flüchten.

Unglücklicherweise aber fiel mir während des Hinaufkletterns mein Messer, das ich gerade noch zum Schärfen des Flintsteines gebraucht hatte hinunter. Unter dem Baum stand der Bär, und jeden Augenblick musste ich damit rechnen,

Приключение с медведем

Есть охотники, которым за один год попадается больше дичи, чем другим за всю жизнь. Я несомненно принадлежу к их числу. Могу подтвердить это примером.

В русских лесах медведи встречаются так же часто, как у нас лисы. Поэтому каждый охотник должен постоянно иметь при себе ружьё или хороший острый нож. Но, что касается меня, то самые дикие и опасные звери нападали на меня именно тогда, когда я был не в состоянии защищаться.

Однажды, когда я отвинтил кремень с курка, чтобы подточить его, я услышал сзади страшное рычание. Я обернулся и увидел чудовище-медведя. Мне ничего не оставалось, как поспешно влезть на дерево.

К несчастью, взбираясь наверх, я уронил нож, которым только что точил кремень с курка. Медведь стоял под деревом, и я каждую минуту мог ожидать, что он последует за мной. Я во всю длину вытянулся на суку и искал выход из положения. При этом я с тоской глядел на свой нож, вертикально

Ein Bild von:
Luka Manin
(10 Jahre), Deutschland

Рисунок:
Лука Манин
(10 лет), Германия

dass er mir nachkommen würde. Ich legte mich in ganzer Länge auf einen Ast und suchte nach einem Ausweg. Dabei blickte ich sehnlich nach meinem Messer, das unten senkrecht im Schnee steckte. Endlich kam ich auf den Gedanken, der sonderbar war, aber auch gut. Es drängte mich nämlich auf einmal, Wasser zu lassen, von dem man bei Angst immer einen besonders großen Vorrat hat. Es gelang mir genau den Schaft des Messers zu treffen.

Nun herrschte an diesem Tage die fürchterlichste Kälte. Sie ließ das Wasser sofort gefrieren und in wenigen Sekunden bildete sich über meinem Messer eine Verlängerung aus Eis, die bis an die untersten Äste des Baumes reichte. Ich packte den verlängerten Griff und zog ohne Mühe mein Messer zu mir herauf. Kaum hatte ich damit den Stein festgeschraubt, als Meister Petz hinaufgestiegen kam. Ich empfing ihn mit einem ordentlichen Kugelhagel, dass er auf ewig das Baumsteigen vergaß.

торчавший из снега. Наконец мне в голову пришла идея, необычная, но удачная. Я направил струю жидкости, которой в минуты страха у человека всегда в изобилии, на свой нож. Мне удалось попасть прямо на его рукоятку.

В этот день стоял ужасный холод. Струя мгновенно замёрзла, и через несколько минут от рукоятки ножа протянулась ледяная сосулька, которая доставала до нижних ветвей дерева. Схватив удлинившуюся ру-коятку, я без особого труда подтянул нож к себе. Только я успел привинтить кремень, как медведь взобрался наверх. Я встретил его таким градом пуль, что он навсегда разучился лазить по деревьям.

Meine erste Reise zum Mond

rotz meines Mutes und meiner Klugheit, trotz der Schnelligkeit und Stärke meines Pferdes hatte ich einmal kein Glück.

Eines Tages kam ich in türkische Gefangenschaft. Das Unglück wurde noch größer! Denn ich wurde an den Sultan verkauft und wurde sein Sklave. Meine Sklavenarbeit war hart, und ich grämte mich oft darüber. Ich musste nämlich die Bienen des Sultans jeden Morgen auf einen hohen Berg bringen und sie am Abend wieder in ihre Bienenstöcke hinabbringen.

Eines Abends war eine Biene weg. Ich merkte sofort, dass zwei Bären die Biene weggenommen hatten. Sie wollten den Honig haben. Ich hatte kein Gewehr bei mir, nur eine Axt aus Silber, die alle Sklaven des Sultan als Zeichen bei sich trugen. Diese Axt warf ich nach den beiden Räubern. Ich wollte sie nicht töten, ich wollte sie nur wegjagen.

Мое первое путешествие на Луну

есмотря на моё мужество и сообразительность, несмотря на быстроту и силу моей лошади, один раз я потерпел неудачу.

Как-то я попал в плен к туркам. И даже хуже! Меня продали султану, и я стал его рабом. Работа моя в качестве раба была тяжёлая, и я часто злился по этому поводу. В мои обязанности входило каждое утро выгонять в горы пчёл султана, а затем вечером гнать их обратно в ульи.

Однажды вечером я недосчитался одной пчелы. Но тут же заметил, что на неё напали два медведя. Они хотели полакомиться мёдом. У меня не было при себе оружия, только серебряный топор. Это была привилегия рабов султана. Я швырнул этим топором в разбойников. Я не хотел их убивать, я хотел их только отогнать. Бедную пчелу мне удалось

Ein Bild von:
Marie Bode
(10 Jahre), Deutschland

Рисунок:
Мария Бодэ
(10 лет), Германия

47

Ein Bild von:
Pham Nguyen Ngoc Nhi
(7 Jahre), Deutschland

Рисунок:
Пам Нгуен Ни
(7 лет), Германия

48

Mir gelang es die arme Biene in die Freiheit zu setzen. Aber durch die Kraft meines Armes flog die Axt hoch in die Luft, immer höher und höher. So fiel sie auf den Mond. Wie konnte ich sie nun zurückbekommen? Ich dachte an die türkischen Bohnen, die sehr groß werden. Manche von ihnen wachsen bis in den Himmel. Ich pflanzte also eine Bohne.

Und wirklich! Sie wuchs höher und höher, bis sie an den Mond stieß. Dort rankte sie sich fest. Nun kletterte ich an der Bohnenranke auf den Mond.

Es war eine große Mühe, die silberne Axt wiederzufinden. Denn, auf dem Mond ist alles eitel Silber. Doch endlich fand ich sie. Nun wollte ich wieder zur Erde zurückklettern. Doch ach! Die Sonne hatte meine Bohne so verdorrt, dass ich nicht herunterklettern konnte. Was sollte ich nun tun?

Ich hatte einen Strick dabei. Diesen Strick machte ich am Mond fest, und so konnte ich herabsteigen. Mit der rechten Hand hielt ich mich an dem Strick fest, und in der linken Hand hatte ich meine Axt. Der Strick war aber nicht lang genug. Als ich an dem Strick heruntergeklettert war, schnitt ich das Stück über mir ab. Und dieses Stück machte ich unter mir wieder fest. Ich kam ziemlich weit nach unten. Aber durch das Abschneiden und das Festmachen wurde mein Strick immer kürzer.

вызволить. Но я чересчур сильно размахнулся и топор взлетел высоко в воздух, поднимаясь всё выше и выше, пока не упал на луну. Как же его достать? Я вспомнил о турецких бобах, которые быстро растут. Многие из них растут до неба. Итак, я посадил боб.

И в самом деле! Он рос всё выше и выше до самой луны. Там он просто зацепился своими усиками. По стволу боба я полез на луну.

Отыскать серебряный топор было нелегко. Ибо, господа, на луне всё серебряное. Но в конце концов я всё же его нашёл. Теперь нужно было спуститься обратно на землю. Но увы! Солнце высушило мой боб настолько, что я не мог по нему спуститься. Что делать?

У меня с собой была верёвка. Я закрепил эту верёвку на луне, и таким образом смог спуститься. Правой рукой я держался за верёвку, а в левой держал свой топор. Однако верёвка была недостаточно длинной. Когда я спустился до конца верёвки, то отрубил верхний кусок верёвки и снова привязал его над собой. Так я спустился довольно низко. От постоянного отрубания и связывания моя верёвка не становилась крепче. Я находился ещё высоко в облаках, как вдруг моя верёвка оборвалась. Я с огромной силой упал на родную землю. Я упал в яму – 90 метров глу-

Ich war noch oben in den Wolken, als mein Strick plötzlich zerriss. Mit voller Wucht fiel ich auf Gottes Erde. Ich stürzte dort in ein neunzig Meter tiefes Loch. Nun wusste ich nicht, wie ich wieder herauskommen sollte. Aber was tut man nicht alles im Unglück? Ich machte mir mit meinen Fingern eine Treppe, und so kam ich endlich nach oben.

Später erzählte ich dem Sultan dieses Abenteuer, und er lachte sich beinahe tot darüber.

бинойй. Теперь я не знал, как мне выбраться. Однако чему только не учит несчастье! Своими собственными ногтями я выскреб себе лестницу и так наконец выбрался наверх.

Позже я рассказал об этом приключении султану, и он чуть со смеху не умер.

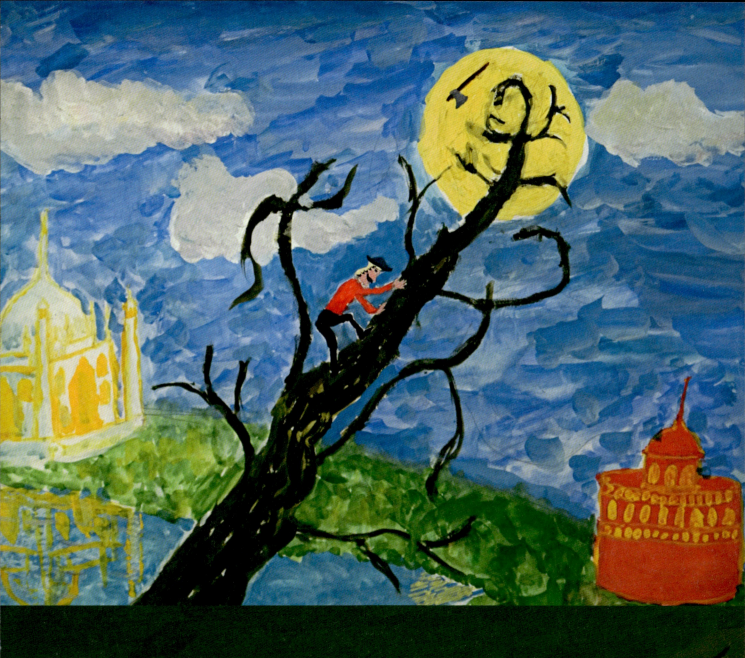

Ein Bild von:
Peter Jurtschenko

Рисунок:
Рётр Юрченко

Zwischen Löwe und Krokodil

Einmal kam ich nach Indien, wo ein guter Freund lebte. Wir gingen zusammen auf die Jagd. Da es sehr heiß war, wurde ich bald müde und blieb allein zurück. Am Ufer eines Flusses wollte ich mich ausruhen.

Ich setzte mich hin, und plötzlich sah ich einen großen Löwen, der langsam auf mich zuschlich. Ich hatte keine Patronen mehr. Was sollte ich tun? Eine Sekunde lang dachte ich nach. „Schnell weglaufen", ging es mir durch den Kopf. Ich sprang zur Seite. Da sah ich hinter mir ein Krokodil, das seinen Rachen weit geöffnet hatte. Stellen Sie sich vor! Der Löwe vor mir und das Krokodil hinter mir! Nichts konnte mich retten!

Halbtot vor Angst fiel ich ins Gras. Das war meine Rettung! Der Löwe sprang über mich hinweg mit dem Kopf gerade in den Rachen des Krokodils! Er steckte bis zu den Schultern im

Между львом и крокодилом

Однажды я приехал в Индию, где жил мой хороший друг. Мы вместе отправились на охоту. Так как было очень жарко, я быстро обессилел и отстал. На берегу реки мне захотелось отдохнуть.

Я присел и вдруг увидел огромного льва, который медленно направлялся ко мне. У меня не было больше патронов. Что я должен был делать? Секунду я раздумывал. «Бежать?» – пронеслось у меня в голове. Я отпрыгнул в сторону. Тут позади себя я увидел крокодила, который уже раскрыл свою пасть. Только представьте себе! Передо мной – лев, позади меня крокодил. Ничто не могло меня спасти!

Обезумев от страха, я упал в траву. Это и было моим спасением! Лев перелетел через меня и угодил прямо в пасть крокодила. Голова льва застряла в глотке крокодила, и

Schlund des Krokodils und die beiden taten alles, um voneinander loszukommen. In diesem Augenblick zog ich mein Jagdmesser und schlug dem Löwen mit einem einzigen Streich den Kopf ab. Ich sprang zur Seite, drehte meine Flinte um und rammte mit dem unteren Ende den Löwenkopf noch tiefer in den Rachen des Krokodils hinein. Das Krokodil erstickte. Jetzt war die Gefahr vorbei.

In dieser glücklichen Stimmung fand mich mein Freund vor. Ich erzählte ihm, was ich erlebt hatte. Wir umarmten einander, dann machten wir uns daran, das Krokodil zu messen. Es maß zwölf Meter und zwanzig Zentimeter.

Für diesen Tag hatten wir unsere Jagd beendet.

они изо всех сил старались освободиться друг от друга. В этот момент я достал свой охотничий нож и одним ударом отсёк льву голову. Я отпрыгнул в сторону, перевернул ружьё и прикладом ружья загнал голову льва ещё глубже в пасть крокодила. Крокодил задохнулся. Теперь опасность миновала.

В таком счастливом настроении меня и нашёл мой друг. Я рассказал ему, что пережил. Мы обнялись и принялись измерять крокодила. Его длина была ровно 12 метров 20 см.

В этот день мы больше не охотились.

Ein Bild von:
Natalia Kavkaskaja
(11 Jahre), Russland

Рисунок:
Наталья Кавказкая
(11 лет), Россия

Im Magen des Fisches

inst war ich in großer Gefahr, im Mittelländischen Meere umzukommen. Ich badete an einem Sommernachmittag, nicht weit von Marseille, in der angenehm warmen See. Plötzlich sah ich einen riesigen Fisch mit weit aufgerissenem Rachen in größter Geschwindigkeit auf mich zuschießen. Es war unmöglich, ihm zu entkommen. Unverzüglich drückte ich mich so klein wie möglich zusammen, zog meine Füße heran und legte die Arme dicht an den Leib. In dieser Stellung gelangte ich unverletzt in den Fischmagen. Hier verbrachte ich einige Zeit in gänzlicher Finsternis. Ich sann darüber nach, was ich unternehmen könnte, damit dem Fisch richtig schlecht von mir würde. Also fing ich an, zu stoßen, ich hüpfte auf und nieder und strampelte mit den Beinen. Ganz entsetzlich schrie er auf und hob sich fast senkrecht aus dem Wasser. Da wurde er von den Matrosen eines vorbeisegelnden Handelsschiffes entdeckt und mit Harpunen erlegt.

В желудке у рыбы

днажды мне грозила опасность погибнуть в Средиземном море. Летним днём я купался близ Марселя в тихом и тёплом море. Вдруг я увидел большую рыбу, которая широко разинув пасть, с неимоверной быстротой плыла ко мне. Спастись от рыбы было невозможно. Не раздумывая, я сжался в комок, подтянул колени к груди, плотно прижав руки к телу. В таком положении я проскользнул между челюстей хищника в его желудок. Оправившись от первого испуга, я успокоился. Здесь я пробыл некоторое время в полном мраке. Я обдумал, что я мог предпринять, чтобы рыбе было плохо от моего пребывания внутри её. Итак, я начал толкать её, прыгать вверх и вниз и сучить ногами. Она дико взвыла и почти вертикально вынырнула из воды. Тем самым она привлекла внимание экипажа торгового судна, плывшего мимо, и была убита гарпунами.

Ein Bild von:
Vo Minh Khoi
(7 Jahre), Deutschland

Рисунок:
Во Мин Кой
(7 лет), Германия

Sobald er an Bord gebracht war, hörte ich die Matrosen beratschlagen, wie sie ihn aufschneiden, um die größte Menge Öl aus ihm zu gewinnen. Ich hatte Angst, dass ihre Messer auch mich aufschneiden könnten. Ich stellte mich so gut wie möglich in die Mitte des Magens. Meine Furcht verschwand, da sie mit der Öffnung des Unterleibes anfingen. Sobald es ein wenig heller wurde, schrie ich mit voller Kraft, wie viel Freude es mir bereiten würde, wenn mich die Matrosen aus dieser Lage erlösen würden. Die Matrosen waren sehr erstaunt eine Menschenstimme aus einem Fisch zu hören. Ihr Erstaunen wuchs noch mehr, als sie einen nackten Menschen herausspazieren sahen.

Nachdem ich einige Erfrischungen zu mir genommen hatte, schwamm ich zu meinen Kleidern, die ich am Ufer gelassen hatte.

Как только рыбу втащили на борт, я услышал, что люди на палубе обсуждают, как лучше разрезать её, чтобы добыть побольше жира. Я испугался, что ножи моряков рассекут меня. Я встал посреди желудка. Мой страх исчез, так как они принялись вспарывать нижнюю часть брюха. Как только мелькнул луч света, я закричал во всю силу своих лёгких, что буду очень рад, если матросы освободят меня. Матросы очень удивились, услышав человеческий голос, исходивший из рыбьего чрева. Они еще больше изумились, увидев воочию голого человека, вылезающего из рыбы на вольный воздух.

Слегка подкрепившись, я поплыл за одеждой, которую оставил на берегу.

Das halbe Pferd

Einmal, als wir die Türken in die Stadt Otschakow hineintrieben, ging's bei der Vorhut sehr heiß her. Wir zerstreuten den Feind völlig und trieben ihn aus seiner Festung. Ich war der Vorderste beim Nachsetzen. Mein Pferd war außerordentlich geschwind, deshalb ritt ich es zu einem Brunnen auf dem Marktplatz und ließ es trinken. Es soff mit einem Durst, der gar nicht zu löschen war. Es dauerte einige Stunden und es hörte immer noch nicht auf zu saufen. Als ich mich umsah, erblickte ich, dass das ganze Hinterteil des armen Tieres fort war. So lief hinten das Wasser ebenso wieder heraus, als es von vorn hineingekommen war, ohne das meinem Pferd zugute kam.

Nachdem mein Reitknecht angejagt kam, wurde dieses Rätsel gelöst. Er erzählte, was geschehen war. Als ich mit dem fliehenden Feind in die Festung eingedrungen war, hätte man plötzlich das Schutzgatter fallen lassen, und dadurch wäre das Hinterteil meines Pferdes komplett abgeschlagen worden. Erst blieb besagtes Hinterteil unter den Feinden, die eine fürchterliche Verwüstung anrichteten, und dann wäre es zu einer nahe gelegenen Wiese geritten, wo ich ihn

Полконя

Однажды мы участвовали в жарком сражении с турками в Очакове. Мы полностью разбили врага, прогнав его из крепости. В погоне я был впереди всех. Мой конь был настолько разгорячён, что я подскакал к колодцу на рыночной площади, чтобы напоить его. Конь пил и никак не мог утолить свою жажду. Прошло несколько часов, но он не переставал пить. Когда я обернулся, то заметил, что вся задняя часть бедного животного была отрезана. Поэтому вода, которую он пил, свободно выливалась сзади, не принося моему коню никакой пользы.

Эта загадка разъяснилась, когда ко мне примчался мой конюх. Он рассказал, что произошло. Когда я, преследуя врага, ворвался в ворота неприятельской крепости, турки как раз в эту минуту опустили эти ворота, отрезав заднюю половину моего коня. Сначала вышеупомянутая половина оставалась среди врагов, разрушая всё на своем пути, а затем ускакала на близлежащий луг, где я её ещё мог найти. Я развернулся и помчался на передней половине моего коня на тот луг. К счастью, я действительно нашёл там другую его по-

Ein Bild von:
Sofia Bojkov
(8 Jahre), Deutschland

Рисунок:
София Бойкова
(8 лет), Германия

61

noch finden konnte. Ich drehte sogleich um und ließ die Hälfte meines Pferdes, nach der Wiese galoppieren. Zum Glück fand ich hier tatsächlich die andere Hälfte, die ruhig auf der Wiese weidete. Ich ließ sogleich einen Tierarzt rufen. Dieser heftete, ohne sich lange zu besinnen, beide Teile mit jungen Lorbeersprösslingen, die gerade bei der Hand waren, zusammen. Die Wunde heilte glücklich zu, und die Sprossen schlugen im Pferdeleib Wurzeln, wuchsen empor und wölbten eine Laube über mir, so dass ich im Schatten reiten konnte.

ловину, которая мирно паслась на лугу. Я немедленно послал за ветеринаром. Он, недолго думая, сшил обе половины молодыми лавровыми прутьями, которые как раз оказались под рукой. Рана отлично затянулась, а лавровые ветки пустили корни в теле моего коня, выросли и образовали надо мной беседку из лавровых ветвей, так что я мог совершать мои поездки верхом в тени.

Wunderbare Rettung aus dem Sumpf

inst wollte ich mit meinem Pferd über einen Sumpf springen. Er schien mir anfänglich nicht so breit, wie er wirklich war. Als ich bereits über dem Sumpf in der Luft war, wendete ich das Pferd zum Ufer um, wo ich hergekommen war, um einen größeren Anlauf zu nehmen. Dann sprang ich auch zum zweiten Male nicht weit genug und fiel bis zum Hals in den Sumpf. Hier hätte ich eigentlich ums Leben kommen müssen.

Zum Glück hatte ich sehr starke Arme. So zog ich mich an meinem eigenen Haarzopf, samt dem Pferd, welches ich fest zwischen meine Knie schloss, wieder heraus.

Чудесное спасение

днажды верхом на коне я хотел перепрыгнуть через болото. Сначала оно показалось мне не таким широким, каким оно было на самом деле. Когда я был уже в воздухе над болотом, я повернул обратно к тому месту, откуда прыгнул, чтобы взять больший разбег. Затем я прыгнул во второй раз, но ещё хуже, и угодил в болото, погрузившись по самое горло. Здесь я непременно должен был погибнуть.

К счастью у меня очень сильные руки. Я ухватился за собственную косу и вытащил себя вместе с конём, крепко стиснув его коленями, из болота.

Ein Bild von:
Nicole Ungefug
(11 Jahre), Deutschland

Рисунок:
Николь Унгефуг
(11 лет), Германия

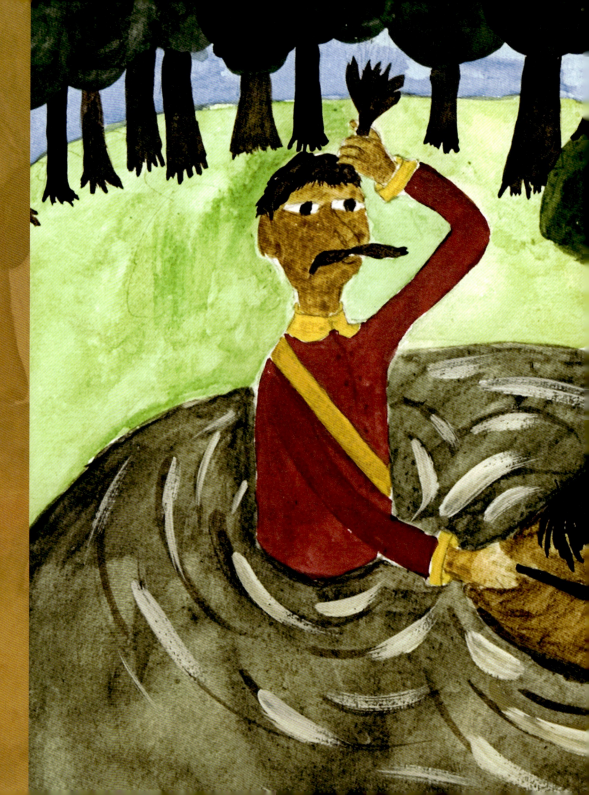

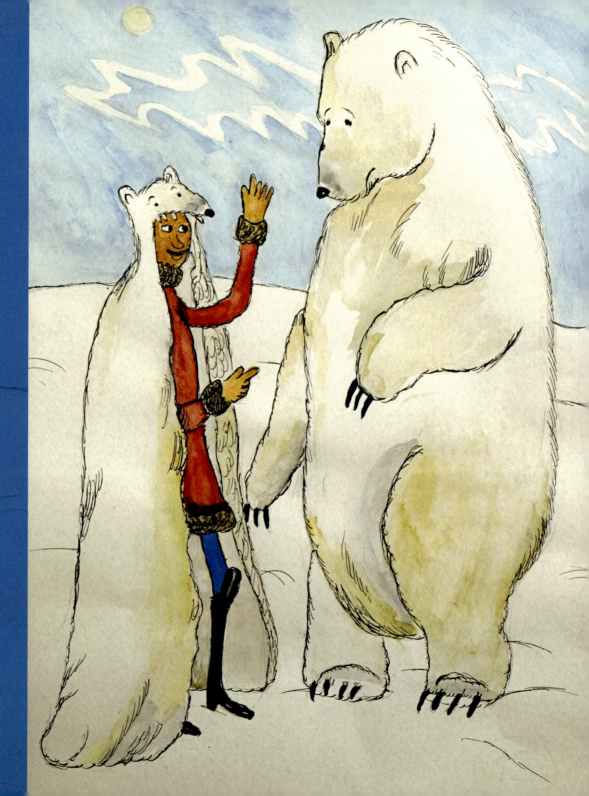

Unter den Eisbären

atürlich haben Sie alle von der letzten nördlichen Entdeckungsreise des Kapitän Phipps gehört. Ich begleitete den Kapitän nicht nur als Offizier, sondern als Freund. Als wir ziemlich hoch nach Norden gekommen waren, nahm ich mein Fernrohr und betrachtete die Gegenstände, die ich vor mir sah. Ungefähr eine halbe Meile vor uns sah ich einen Eisberg. Er war weit höher als unsere Masten und darauf entdeckte ich zwei Eisbären, die meiner Meinung nach in einem hitzigen Zweikampfe lagen. Ich ging sofort zu Kapitän Phipps und bat ihn Kurs auf den Eisberg zu nehmen.

Ich hing mein Gewehr um und machte mich zu dem Eise hin. Es war ein mühsamer und gefahrvoller Weg, ein ständiges Fallen und Aufstehen. Endlich kam ich so nah zu den Bären, dass ich sie mit meinem Gewehr erreichen konnte. Zugleich sah ich, dass sie nicht miteinander kämpften, sondern nur spielten. Während ich sie eine Weile beobachtete, überschlug ich schon in Gedanken den Wert ihrer Felle. Als ich aber mein Gewehr anlegen wollte, geriet ich in eine missliche Lage. Ich rutschte aus, fiel rückwärts nieder und verlor durch die Heftigkeit des Schlages für eine

Среди белых медведей

ам, конечно же, приходилось слышать о последнем плавании на север капитана Фиппса. Я сопровождал капитана не как офицер, а как друг. Когда мы достигли высоких широт севера, я взял свой телескоп и стал изучать окрестности. Примерно в полумиле от нас я заметил плывущий айсберг. Он был значительно выше наших мачт, а на нём я увидел двух белых медведей, вцепившихся, как мне показалось, друг в друга в жаркой схватке. Я сразу же пошёл к капитану Фиппсу и попросил его взять курс на айсберг.

Я повесил ружьё на плечо и направился к айсбергу. Это был утомительный и опасный путь, я то падал, то поднимался. Наконец я так близко подошёл к медведям, что мог попасть в них из ружья. Тут выяснилось, что они не дерутся, а лишь играют. Наблюдая за ними, я мысленно уже прикидывал стоимость их шкур. Но едва я прицелился из ружья, как со мной случилась неприятность. Я поскользнулся, упал навзничь и так сильно ударился, что на полчаса потерял сознание. Но представьте моё изумление, когда, придя в сознание, я

halbe Stunde das Bewusstsein. Wie groß aber war mein Erstaunen, als ich erwachte und fand, dass eines von den Ungeheuern mich auf den Bauch gedreht hatte und gerade den Bund meiner neuen Lederhose packte. Der obere Teil meines Körpers steckte unter seinem Bauch, und meine Beine standen voraus. Weiß Gott, wohin mich das Tier nur schleppen wollte. In meiner Not nahm ich sofort mein Taschenmesser heraus und schnitt ihm drei von seinen Zehen ab. Der Bär ließ mich sogleich fallen und brüllte fürchterlich. In diesem Augenblick feuerte ich auf ihn und er fiel tot auf das Eis.

Mit diesem Schuss hatte ich eine dieser blutdürstigen Bestien auf ewig eingeschläfert aber Tausende, die auf dem Eise schliefen, aufgeweckt.

In meiner furchtbaren Not zog ich augenblicklich das Fell des Ungeheuers ab und wickelte mich hinein. Dabei steckte ich meinen Kopf gerade unter den Eisbärenschädel. Kaum war ich fertig, kam das ganze Rudel zu mir, beschnupperte mich, stieß mich und hielt mich wahrhaftig für einen Eisbären. Also war meine List gelungen.

Doch war meine Lage gefährlich, deshalb musste ich schnell einen Ausweg finden. Ich hatte ehedem von einem alten Arzt gehört, dass eine Wunde im Rückgrat augenblicklich tödlich sei. Ich wollte es sofort ausprobieren. Ich nahm mein

увидел, что одно из чудовищ перевернуло меня на живот и вцепилось в пояс моих новых кожаных штанов. Моё туловище находилось под его брюхом, а ноги торчали наружу. Бог знает, куда зверь хотел меня утащить. От безысходности я тотчас вытащил мой складной нож и отрезал ему три пальца. Медведь сразу же отпустил меня и дико взревел. В этот момент я выстрелил в него, и он замертво рухнул на лед.

Этим выстрелом я усыпил одного из этих кровожадных зверей навечно, но зато разбудил несколько тысяч других, которые спали на льду.

Я мгновенно стянул с медведя шкуру и завернулся в неё, просунув при этом свою голову под медвежью. Едва я закончил, как ко мне пришло всё стадо, медведи обнюхивали меня, толкали и явно принимали меня за медведя. Так моя хитрость удалась.

Тем не менее моё положение оставалось опасным, поэтому я должен был быстро найти выход из положения. От одного старого доктора я некогда слышал, что ранение в позвоночник несёт мгновенную смерть. Я тотчас же решил это проверить. Я взял свой нож и воткнул его медведю в загривок. Опыт вполне удался, медведь свалился замертво к

Messer zur Hand und stieß es einem Bären in den Nacken. So gelang mein Versuch glücklich und der Bär fiel tot zu meinen Füßen, ohne ein einziges Mal zu mucken. Ich beschloss, allen anderen auf die gleiche Art den Rest zu geben und machte mich an die Arbeit. Als ich sie schließlich alle tot um mich herum sah, ging ich zurück zum Schiff, um mir einige Leute auszubitten, die mir helfen mussten, die Felle abzustreifen und die Eisbärenschinken an Bord zu bringen. In wenigen Stunden waren wir damit fertig und konnten unsere Reise fortsetzen.

Als wir schon in London waren, schickte ich einige Schinken im Namen des Kapitäns an die Lords der Admiralität, an die Lords der Schatzkammer und an den Stadtrat von London.

Die Bärenfelle schickte ich an die Kaiserin von Russland. Sie dankte mir mit einem Brief dafür. In diesem Brief machte sie mir einen Heiratsantrag und bot mir an, die Krone mit mir zu teilen. Doch lehnte ich ihr Angebot auf höfliche Weise ab, da ich eine solche Würde in meinem ganzen Leben nicht angestrebt habe.

моим ногам, не издав ни звука. Тогда я решил расправиться с остальными тем же способом и принялся за работу. Когда я наконец со всеми расправился, то вернулся на корабль, чтобы попросить несколько человек экипажа, которые должны были помочь мне содрать шкуры и принести на корабль окорока. Через несколько часов мы справились с этим делом и могли продолжить наше путешествие.

Когда мы уже были в Лондоне, я от имени капитана послал часть окороков лордам дмиралтейства, лордам казначейства и Лондонскому городскому совету.

Медвежьи шкуры я отослал русской царице. Она выразила свою признательность, написав мне письмо. В нём она предложила мне руку и сердце. Ей хотелось разделить со мной корону. В самых изысканных выражениях я всё же отклонил её предложение, поскольку никогда в жизни не стремился к такой чести.

Danksagung

Dieses Buch ist ein weiteres Gemeinschaftsprojekt der Universität Brjansk und dem Paritätischen Wohlfahrtsverband Niedersachsen. Deutschstudenten des Lehrstuhls für Germanistik in Brjansk haben die russischen Texte in die deutsche Sprache übersetzt. Kinder und Jugendliche der dortigen Malschule zeichneten fantasievolle Bilder zu den Abenteuern und in Hameln haben sich Kinder eines Jugendprojektes (Spätaussiedler & deutsche Rückwanderer e.V. Hameln) und der Jüdischen Kultusgemeinde Hameln e.V. an den Illustrationen beteiligt. Unser Dank gilt Prof. Galina Rossichina von der Universität Brjansk und der Künstlerin Natalia Ovodkova aus Bad Pyrmont.

Bedanken wollen wir uns gern bei den Sponsoren und Förderern dieses interkulturellen Projektes: Neudorff, Sparkasse Weserbergland, Penzel Akademie (www.apm-penzel.de), Volksbank Hameln-Stadthagen, Rotary Club Hameln und E.ON Westfalen Weser.

Благодарность

Эта книга является совместным проектом Брянского Университета и Паритетного благотворительного общества Нижней Саксонии.Студенты отделения Германистики Брянского Университета сделали перевод русского текста на немецкий язык, а ученики брянской художественной школы нарисовали картины к рассказам. В создании иллюстраций также принимал участие молодежный проект (Сообщество поздних переселенцев) и Еврейское Культурное общество города Гамельна. Мы благодарим профессора Брянского университета Галину Россихину и художника Наталью Овадкову из Бад Пюрмонта.

Мы выносим благодарность спонсорам и меценатам этого интеркультурного проекта: Нойдорф, Шпаркасса Везербергланд, Пензель Академи (www.apm-penzel.de), Фолксбанк Хамелн-Штадтхаген и Е.ОН Вестфален Везер.

Ein Bild von:
**Anton Agafonov
(12 Jahre), Russland**

Рисунок:
**Антон Агафонов
(12 лет), Россия**

Ein Bild von:
**Katarina Krieger
(4 Jahre), Deutschland**

Рисунок:
**Катарина Кригер
(4 лет), Германия**

Ein Bild von:
**Maja Pistoletowa
(13 Jahre), Deutschland**

Рисунок:
**Мая Пистолетова
(13 лет), Германия**

Ein Bild von:
Claire Bauer
(8 Jahre), Deutschland

Рисунок:
Клара Бауэр
(8 лет), Германия

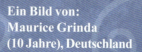

Ein Bild von:
Maurice Grinda
(10 Jahre), Deutschland

Рисунок:
Морис Гринда
(10 лет), Германия

Ein Bild von:
Gabriel Timofeev
(4 Jahre), Deutschland

Рисунок:
Габриэль Тимофеев
(4 лет), Германия

Ein Bild von:
Arina Akulova
(9 Jahre), Russland

Рисунок:
Арина Акулова
(9 лет), Россия

Ein Bild von:
Elza Weiz
(13 Jahre), Deutschland

Рисунок:
Эльза Вайц
(13 лет), Германия

Ein Bild von:
Franziska Krieger
(8 Jahre), Deutschland

Рисунок:
Франциска Кригер
(8 лет), Германия

77

Ein Bild von:
**Julia Sagel
(8 Jahre), Deutschland**

Рисунок:
**Юлия Загель
(8 лет), Германия**

Ein Bild von:
**Sina Meiske
(9 Jahre), Deutschland**

Рисунок:
**Зина Майске
(9 лет), Германия**

Ein Bild von:
**Emily Bauer
(5 Jahre), Deutschland**

Рисунок:
**Эмили Бауэр
(5 лет), Германия**

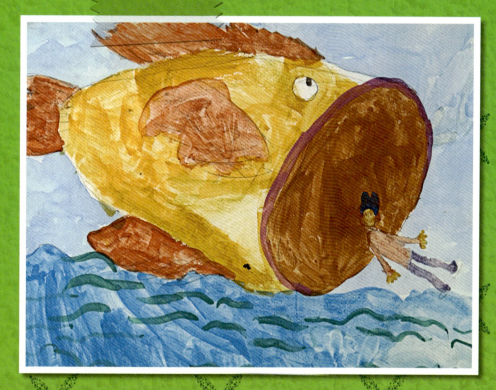

In dieser Reihe ist
bereits erschienen:

В этой серии уже
вышла книга:

Märchen und Sagen
Сказки и легенды
ISBN 978-3-8271-9257-8

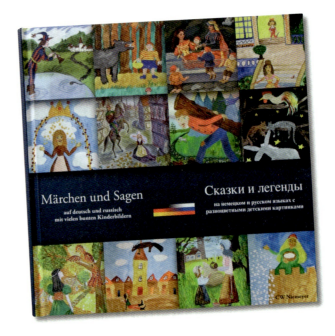

Hier kannst du mehr über
Münchhausen erfahren:

www.muenchhausenland.de
www.labbe.de
www.literaturatlas.de
www.muenchhausen.ch
www.munchausen.htm

Здесь ты сможешь
найти много интересного
о Мюнхаузене:

www.peoples.ru
www.kinderbooks.ru
www.abitura.com
www.munchhausen.ru